ACKNOWLEDGEMENTS

Publishing Director — Piers Pickard
Commissioning Editor — Catharine Robertson
Assistant Editor — Christina Webb
Illustrators — Andy Mansfield
Sebastien Iwohn

Designer — Andy Mansfield
Print production — Larissa Frost,
Nigel Longuet

Published in March 2018 by Lonely Planet Global Ltd
CRN: 554153
ISBN: 978 1 78701 267 7
www.lonelyplanetkids.com
© Lonely Planet 2018
Printed in China

10 9 8 7 6 5 4 3 2 1

Lonely Planet Offices

AUSTRALIA
The Malt Store, Level 3, 551 Swanston St,
Carlton, Victoria 3053
T: 03 8379 8000

IRELAND
Unit E, Digital Court, The Digital Hub,
Rainsford St, Dublin 8

USA
124 Linden St, Oakland, CA 94607
T: 510 250 6400

UK
240 Blackfriars Rd, London SE1 8NW
T: 020 3771 5100

STAY IN TOUCH lonelyplanet.com/contact

Paper in this book is certified against the
Forest Stewardship Council™ standards.
FSC™ promotes environmentally responsible,
socially beneficial and economically viable
management of the world's forests.

first words
ITALIAN

Illustrated by
Andy Mansfield & Sebastien Iwohn

hello

buongiorno

(bwon-jor-noh)

ice cream
---
gelato
(jeh-lah-toh)

water

---

acqua

(a-kwa)

supermarket

---

supermercato

(soo-pair-mair-kah-toh)

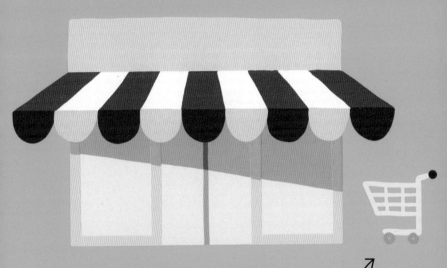

trolley
carrello
(ka-rel-loh)

cat

---

gatto

(ga-toh)

bus
---
autobus

(ow-toh-boos)

dress

vestito

(ves-tee-toh)

dog
cane
(kah-neh)

banana
---
banana

(ba-nah-na)

carrot

---

carota
(ka-roh-ta)

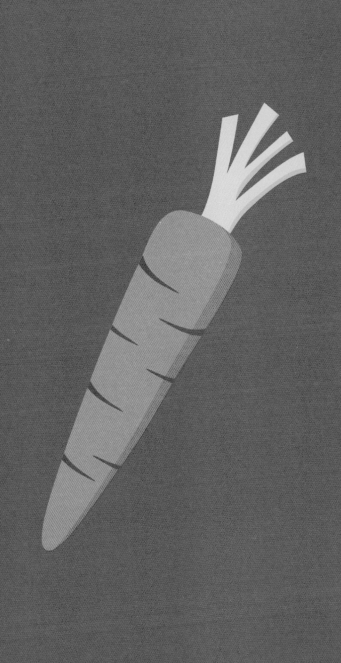

taxi / taxi

(tak-see)

t-shirt

maglietta

(mal-yeh-ta)

fish
---
pesce
(peh-sheh)

aeroplane

aereo

(ay-eh-ree-oh)

horse
---
cavallo

(ka-val-loh)

french fries
---
patatine fritte

(pa-ta-tee-neh free-teh)

swimming pool
piscina
(pee-shee-na)

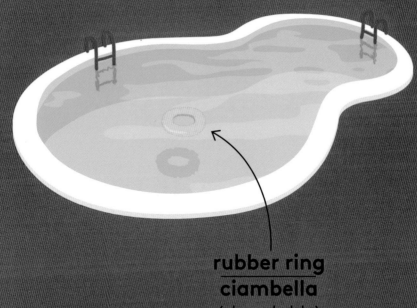

rubber ring
ciambella
(cham-bel-la)

cheese

---

formaggio

(for-ma-joh)

towel

asciugamano

(a-shoo-ga-mah-noh)

doctor

---

medico

(meh-dee-koh)

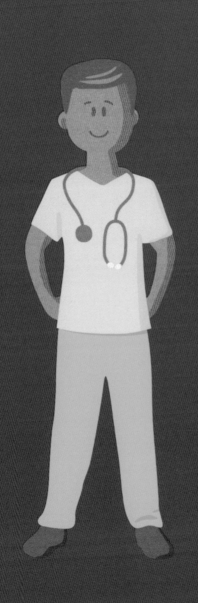

apple
---
mela

(meh-la)

worm

verme

(vair-meh)

beach

---

spiaggia

(spee-ah-ja)

bicycle
---
bicicletta

(bee-chee-kleh-ta)

airport

---

aeroporto

(ay-roh-por-toh)

juice

succo

(soo-koh)

bakery

---

panetteria

(pa-net-eh-ree-a)

shoes
---
scarpe

(skar-peh)

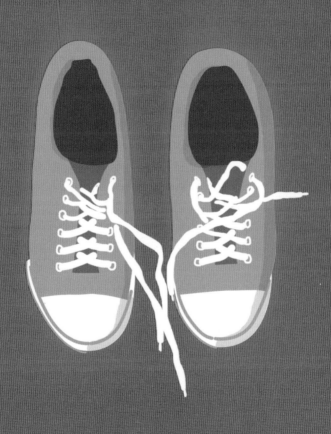

phone
telefono
(teh-leh-foh-noh)

post office
ufficio postale
(oo-fee-choh pos-tah-leh)

restaurant
---
ristorante

(rees-toh-ran-teh)

hotel

albergo

(al-bair-goh)

milk

---

latte

(la-teh)

chocolate
---
cioccolato

(cho-koh-lah-toh)

car

macchina

(mah-kee-na)

hat
---
cappello
(ka-pel-loh)

sunglasses

occhiali da sole

(o-kya-lee da soh-leh)

chicken

---

pollo

(po-loh)

train
---
treno

(tray-noh)

station
---
stazione

(stat-syo-neh)

clock
orologio
(or-oh-lo-joh)

toilet
gabinetto
(ga-bee-net-toh)

bed

---

letto

(leh-toh)

house

---

casa

(kah-za)

chimney
camino
(ka-mee-noh)

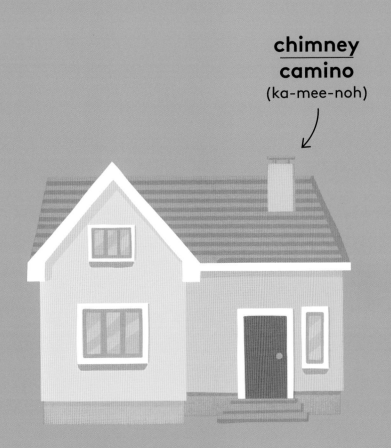

trousers

---

pantaloni

(pan-ta-loh-nee)

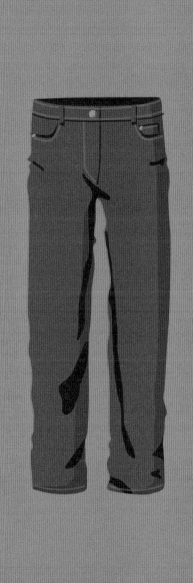

suitcase
valigia
(va-lee-jah)

plate

piatto

(pee-a-toh)

knife

coltello

(kol-tel-loh)

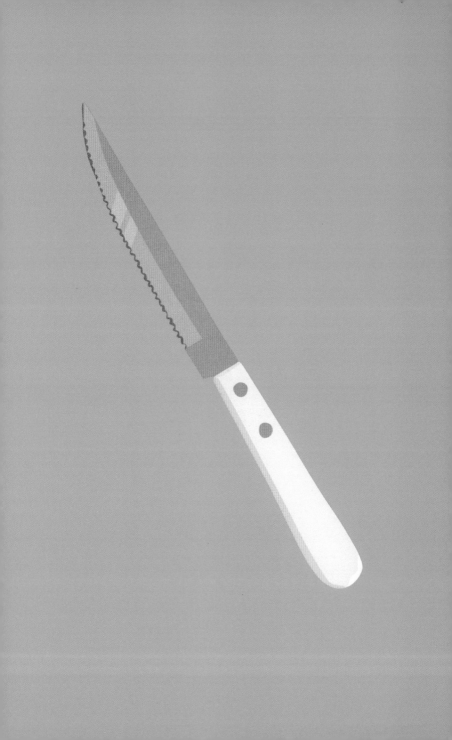

fork

forchetta

(for-ke-ta)

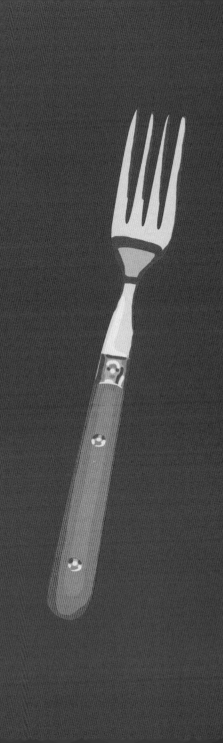

spoon
cucchiaio
(koo-kya-yoh)

computer

computer

(kom-pyoo-tair)

mouse
mouse del computer
(maus del kom-pyoo-tair)

book
---
libro

(lee-broh)

sandwich

---

tramezzino

(trah-meh-dzee-noh)

yes
sí

(see)

no
no
(no)

cinema
---
cinema

(chee-neh-ma)

park

---

parco
(par-koh)

menu

---

menu

(meh-noo)

passport

passaporto

(pas-sa-por-toh)

police officer
polizia
(po-lee-tsee-a)

key
---
chiave

(kya-veh)

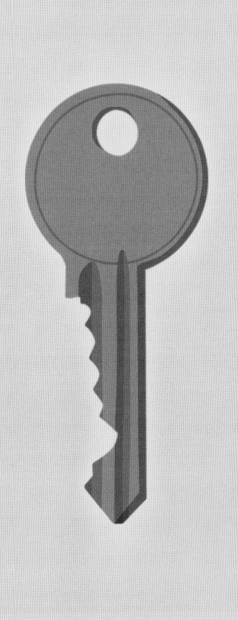

ticket
biglietto
(bee-lyet-oh)

pineapple

ananas

(ah-na-nas)

rain

pioggia

(pee-o-ja)

snow

---

neve

(neh-veh)

sun
---
sole

(soh-leh)

tree

albero

(al-beh-roh)

flower
fiore
(fee-or-reh)

cake
---
torta

(tor-ta)

cherry
ciliegia
(chil-yeh-jah)

ball
palla
(pal-la)

bird

uccello

(oo-chel-loh)

egg

uovo

(woh-voh)

umbrella

ombrello

(om-brel-loh)

rabbit

---

coniglio

(ko-nee-lyoh)

money

---

soldi

(sol-dee)

bank

---

banca

(ban-ka)

$$\frac{mouse}{topo}$$

(to-poh)

scarf
---
sciarpa

(shar-pa)

gloves

guanti

(gwan-tee)

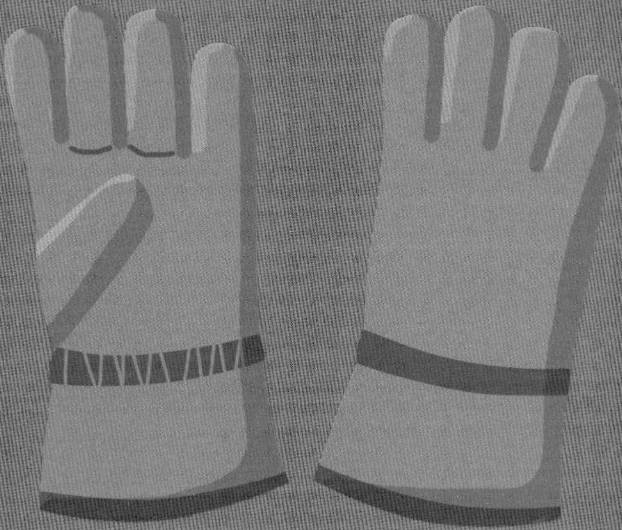

coat
---
cappotto
(kap-pot-toh)

hospital

---

ospedale

(os-peh-dah-leh)

chair

---

sedia

(seh-dya)

table
---
tavolo

(tah-voh-loh)

toothbrush

spazzolino da denti

(spat-soh-lee-noh da den-tee)

toothpaste

dentifricio

(den-tee-free-choh)

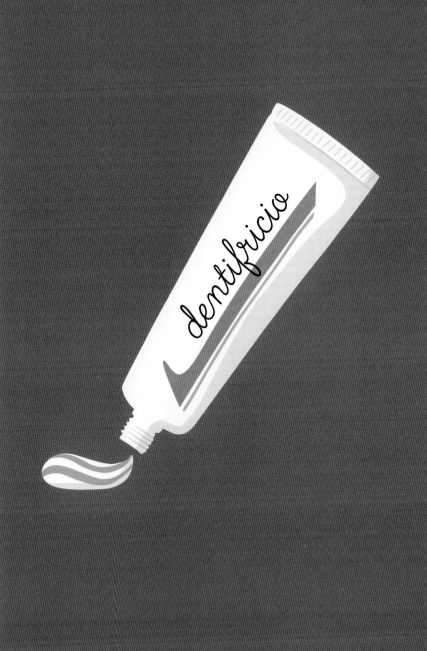

sun cream
crema solare
(kray-ma so-lah-reh)

lion
---
leone

(lay-oh-neh)

elephant
elefante

(el-eh-fan-teh)

monkey
scimmia

(shee-mya)

spider
---
ragno

(rah-nyoh)

burger
hamburger
(am-boor-gair)

pen
penna
(pen-na)

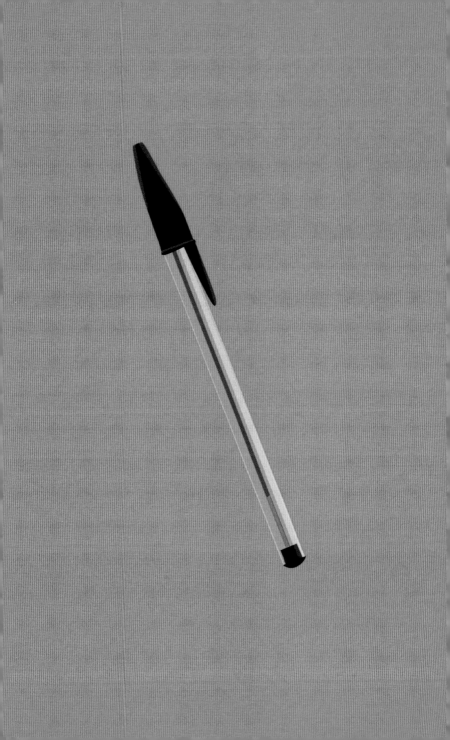

door

---

porta

(por-ta)

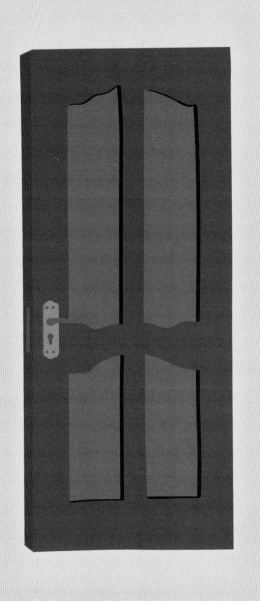

window

finestra

(fee-nes-tra)

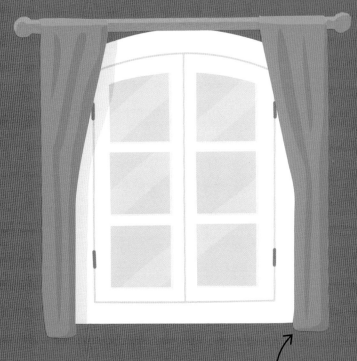

curtain
tenda
(ten-da)

tent

---

tenda

(ten-da)

church
chiesa

(kyeh-za)

tomato
---
pomodoro

(poh-moh-dor-oh)

moon
luna

(loo-na)

stars

---

stelle

(stel-leh)

postcard
cartolina
(kar-toh-lee-na)

stamp
francobollo
(fran-koh-boh-loh)

boat
---
barca

(bar-ka)

$$\frac{\text{goodbye}}{\text{arrivederci}}$$

(a-ree-veh-der-chee)